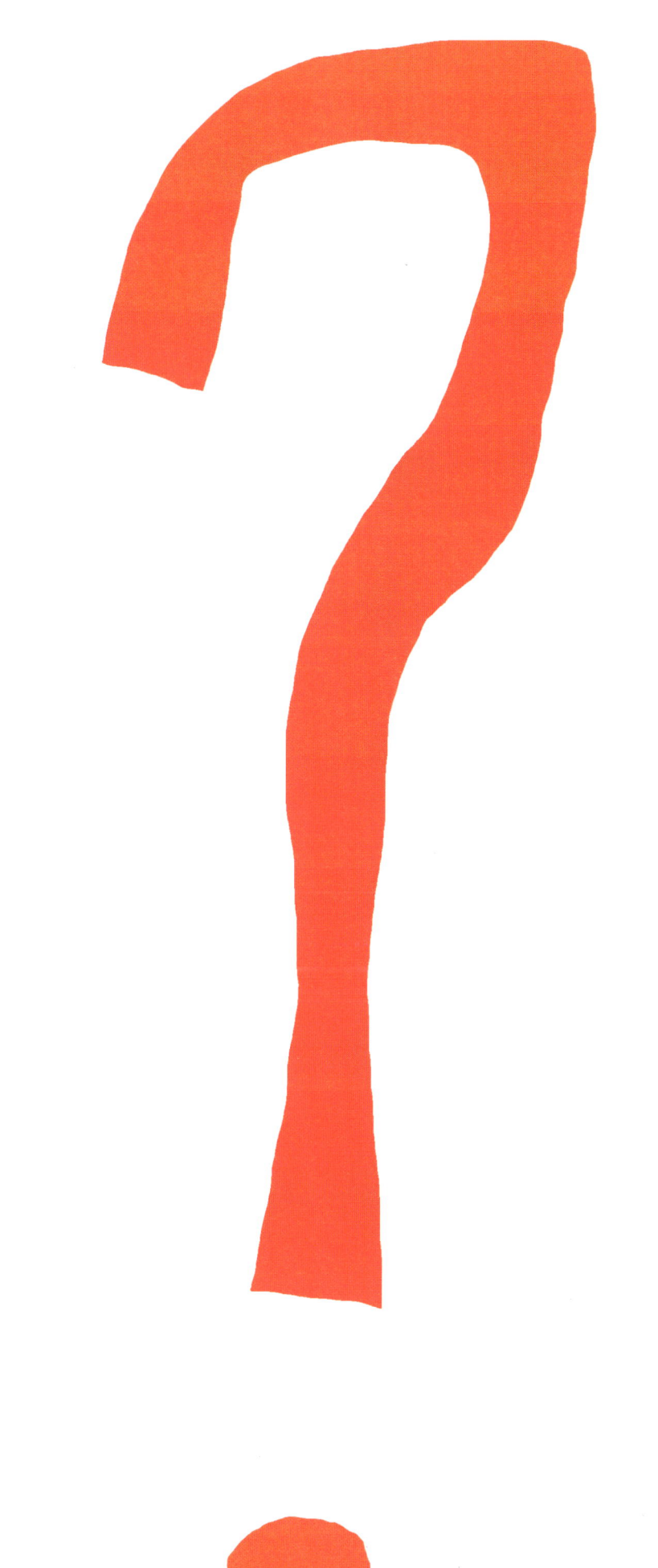

Bette Westera & *Sylvia* Weve

Was macht *das Licht,* wenn es *dunkel* wird?

Fragen, die nach einem *Vers* verlangen

Aus dem Niederländischen von Rolf Erdorf

Es gibt *Fragen*
die nach einer *Antwort* fragen
Es gibt auch *Fragen*
die verlangen
nach einem *Vers*
einem *Gedicht*
einem *Gemälde*
Fragen, die nach
etwas verlangen
das verspielt um sie kreist
wie die Erde
ewig um die eigene Achse

#1
War die Erde früher *flach*?

#2
Ist *morgen* immer ein neuer Tag?

#3
Was macht das *Licht*, wenn es *dunkel* wird?

#4
Wann fängt für dich das *Dasein* an?

#5
Woher weiß man, dass es die Zeit *gibt*?

#6
Hört der Weltraum *irgendwo* auf?

#7
Was war zuerst da, die *Henne* oder das *Ei*?

#8
Wann ist man rechtzeitig irgendwo?

#9
Wie *groß* ist die Erde?

#10
Wie wäre es, wenn es die Zeit *nicht gäbe*?

#11
Kann man *langsamer* sein als die Zeit?

#12
Warum bin ich nicht mein *Bruder*?

#13
Hat Papier eine *Innenseite*?

#14
Kann die Zeit wirklich *fliegen*?

#15
Wie lange dauert die *Zukunft*?

#16
Wie *groß* ist das Weltall?

#17
Wann *fängt* etwas *an*?

#18
Kommt die *Zukunft* auf dich zu?

#19
Dauern *Stunden* immer gleich lang?

#20
Kann man durch die Zeit *reisen*?

#21
Gibt es noch *Licht*, wenn keiner es *sehen* kann?

#22
Kann die Zeit *verschwinden*?

#23
Wie klein ist ein Berg in der *Ferne*?

#24
Wie *schlägt* man die Zeit *tot*?

#25
Woher kommen die Menschen?

#26
Wo bleibt die Zeit?

#27
Wie viel wiegt man auf dem *Mond*?

#28
Kann man *tiefer schlafen* als das Meer?

#29
Wie groß ist ein *Schwarm* Fische?

#30
Wo sind die Sterne wohl *am Tag*?

#31
War schon *etwas*, bevor es die Erde gab?

#32
Kann man *alle Zeit der Welt* haben?

#33
Ist der Raum irgendwann *voll*?

#34
Kann man immer noch *schneller* werden?

#35
Wie fühlt es sich an, wenn die Zeit *stehen bleibt*?

#36
Früher war die Erde flach!

#1

War die Erde

früher *flach*?

Früher war die Erde flach.
Jetzt gibt es
Berge, Rücken
Höhen, Brücken
Hügel, Huckel
Beulen, Knubbel
Kuhlen, Hubbel
Buckelwalbuckel
Höcker auf Kameles Rücken
dazu Beulen durch die Mücken
und auf Köpfen nach dem Stoß
ganz egal
ob klein, ob groß
fast nichts ist einfach
flach und glatt.
Jetzt hat die Erde Beulen satt.

#2

Ist *morgen* immer ein neuer Tag?

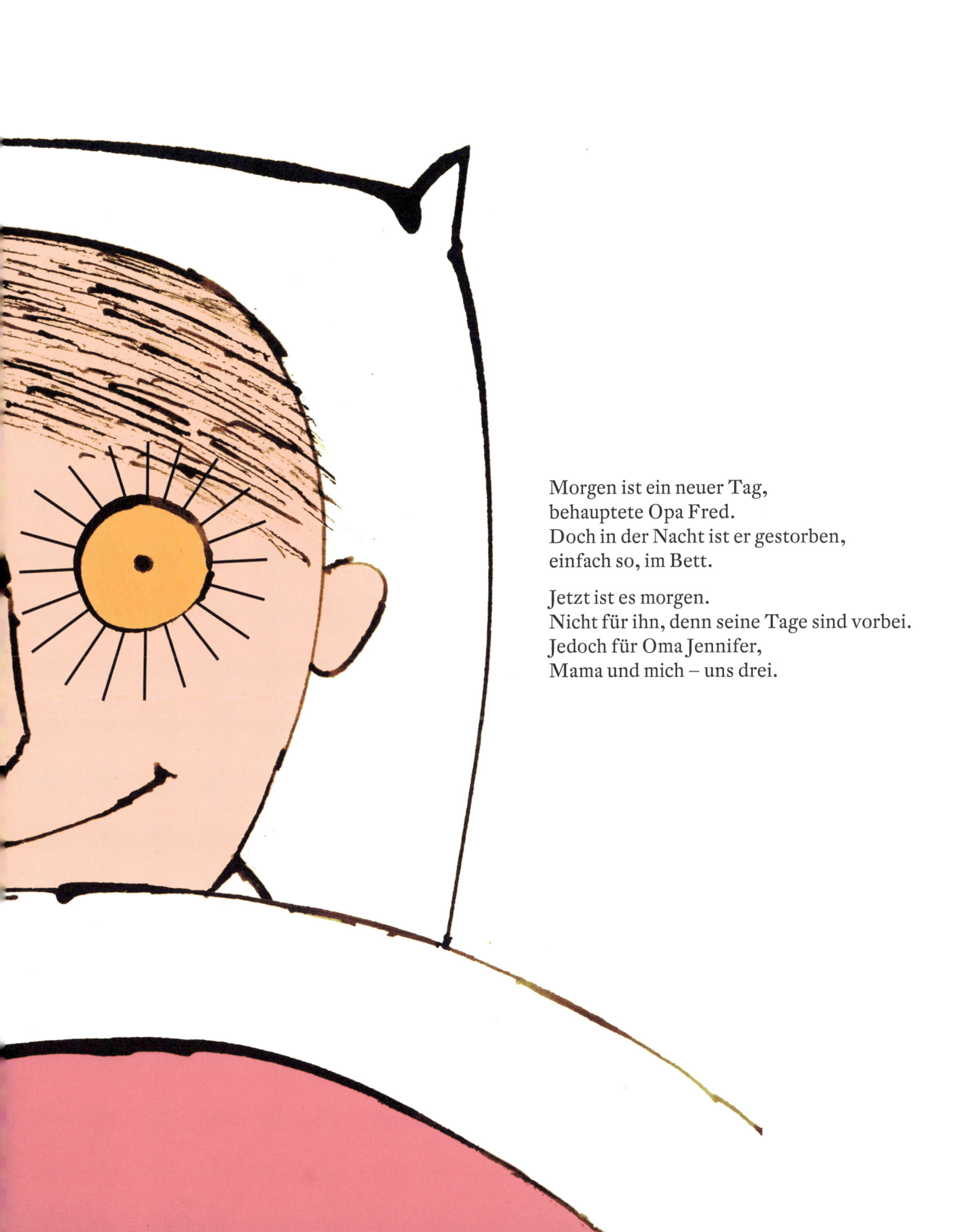

Morgen ist ein neuer Tag,
behauptete Opa Fred.
Doch in der Nacht ist er gestorben,
einfach so, im Bett.

Jetzt ist es morgen.
Nicht für ihn, denn seine Tage sind vorbei.
Jedoch für Oma Jennifer,
Mama und mich – uns drei.

#3

Was macht das *Licht*,

Der Tag liegt wach
unter einer blauen Decke
aus Sonne und Wolken.
Dann zieht die Dämmerung die Decke weg
und du blickst gradewegs ins Weltall.
Die Nacht schläft
unter dem bloßen Himmel.

wenn es *dunkel* wird?

Ich bin ein Kind und fast schon zehn,
doch gab es mich ja auch
schon vor meiner Geburt,
das heißt, ein Weilchen früher
als Baby in Mamas Bauch.
Gewachsen aus einem Ei.
Das war meine eine Hälfte.

Es war schon eine Zeit lang da.
Bis dann eines schönen Tages
Papas Samen zu ihm fand.
Das war meine andere Hälfte.

Das heißt, ich bin jetzt – allerhand! –
nicht mehr neun, auch nicht fast zehn.
Wie alt genau ich bin,
das weiß ich nicht bestimmt.
So alt, wie wenn man Mamas Ei
und Papas Samen zusammennimmt.

#4

Wann fängt für dich das *Dasein* an?

Die Zeit steckt in dem Loch in deiner Hose.
Die Zeit steckt im Gedächtnis alter Leute.
Die Zeit steckt im Verblühen einer Rose.
Die Zeit steckt in dem Wunsch nach Lohn und Beute.
Die Zeit steckt in des Wiesenkälbchens Tollerei.
Die Zeit vergeht, geht weiter, aber nie vorbei.

Die Zeit, sie steckt im Käse, streng und hart.
Die Zeit steckt in der Schlossruine Zinnen.
Die Zeit steckt in des Weihnachtsmannes Bart.
Die Zeit steckt im Gewinnen und Zerrinnen.
Die Zeit steckt in dem Traum von einem Moped oder Boot.
Die Zeit, sie steckt im Leben und im Tod.

Die Zeit, sie steckt in Knochen, ausgegraben.
Die Zeit steckt in dem Buch, das wir mal schreiben.
Die Zeit, sie steckt im Himmel, hoch erhaben,
im Streit und in den Runzeln, die uns bleiben.
Die Zeit steckt in des alten Bauernhofes Tenne.
Die Zeit, sie steckt im Ei und in der Henne.

#5

Woher weiß man, dass es die Zeit *gibt*?

Später werd ich Astronaut,
der aus dem All hinunterschaut.
Auf den Mond und auf die Sterne,
auf Planeten und auf ferne,
unentdeckte schwarze Löcher,
die die NASA noch und nöcher
erforschen will, sofern das geht.

Erst das Abi; wenn das steht,
Raumfahrttechnik noch studieren.
Anschließend will ich trainieren,
schwerelos umherzuschweben.
Dann beginnt das echte Leben.
Liebe Leute, jetzt passt auf:
Ich zisch mit der Rakete rauf!

irgendwo auf?

Schau, schon fällt die erste Stufe ab.
Der Raum hier drin ist ziemlich knapp.
Ist es wirklich ein Vergnügen,
als Astronaut durchs All zu fliegen?
Raketen engen ganz schön ein,
will man im weiten Weltraum sein …

„Hallo Ei", sprach das Huhn.
„Hallo Huhn", sprach das Ei.
„Wer war zuerst da von uns zwei?"

„Du", sprach das Huhn.
„Nein du", sprach das Ei.
„Erst als du mich gelegt hast, war ich mit dabei."

„Ach ja?", sprach das Huhn.
„Na klar", sprach das Ei:
„Du legtest mich, und das ging eins-zwei-drei!"

„Ehrenwort?", sprach das Huhn.
„Ehrenwort", sprach das Ei.
„Doch bevor es dich gab, kamst du selber aus 'nem Ei."

„Ich?", sprach das Huhn.
„Ja, du", sprach das Ei.
„Das Ei war zwar nicht ich, doch einerlei."

„Wie denn nun?", sprach das Huhn.
„Na, dein Ei", sprach das Ei,
„das gab es doch schon früher als uns zwei."

#7

Was war zuerst da, die *Henne* oder

„Als wen?", sprach das Huhn.
„Als uns zwei", sprach das Ei.
„Niemals wärst du ein Huhn ohne mich Ei."

„Ohne wen?"

„Ohne mich."

„Ohne was?"

„Ohne Ei."

„Welches Ei?", fragt das Huhn.
„Dein Ei", sprach das Ei.

„Puh", sprach das Huhn.
„Mein Ei, das bist du,
also gab es dich zuerst."

„Nein, dich", sprach das Ei.
„Du kamst aus dem Ei und fingst an zu legen …"

Da hüpfte das Huhn als Erstes seiner Wege.

das *Ei*?

#8

Wann ist man rechtzeitig

Wäre ich nicht doch noch schnell
in das neue Shirt geschlüpft,
wär nicht für zwei Puddingteilchen
rasch zum Bäcker reingehüpft,
hätte, kurz und knapp gesagt,
schneller den Hintern gelüpft,
wäre vier Minuten früher
dagewesen auf dem Platz.
Hätte sie dann noch gewartet?
Wäre sie dann noch mein Schatz?

#9

Wie *groß* ist die Erde?

Wisst ihr, was ich manchmal denke?
Unsere Erde ist der Kopf eines Riesen.

Seine Augen sind Meere
Seine Wangen sind Hügel
Seine Falten Schluchten
Sein Mund eine Grotte
Seine Nase ist ein Berg
mit Höhlen so tief wie das Meer

Seine Haare sind Wälder mit Bäumen
und Sträuchern und Pfaden zum Sich-Verirren

Wir sehen ihn nicht
Er ist zu groß
Er sieht uns nicht
Wir sind zu klein

Aber spüren kann er uns
zum Beispiel wenn wir Gruben graben
im Wald

Denn wir sind keine Menschen
Wir sind Läuse auf dem Kopf
eines Riesen

#10

Wie wäre es,

wenn es die Zeit *nicht gäbe*?

Manchmal stelle ich mir vor,
Großvater wäre genauso alt wie ich.
Großvater wäre jetzt ein Junge
genau wie ich und auch
mit der gleichen roten Mütze.

Ob ich ihn wohl erkennen würde,
frag ich mich.
Und ob wir Freunde wären,
wir zusammen in der Klasse,
in der ich jetzt sitze?

Fände er dasselbe Fach wie ich am feinsten?
Und zählte er – genau wie ich –
in der Klasse zu den Kleinsten?
Und wäre er auch blond?
Natürlich hätte er da noch sein Haar,
der Junge, der mein Opa wurde,
es aber noch nicht war.

#11

Kann man *langsamer* sein als die Zeit?

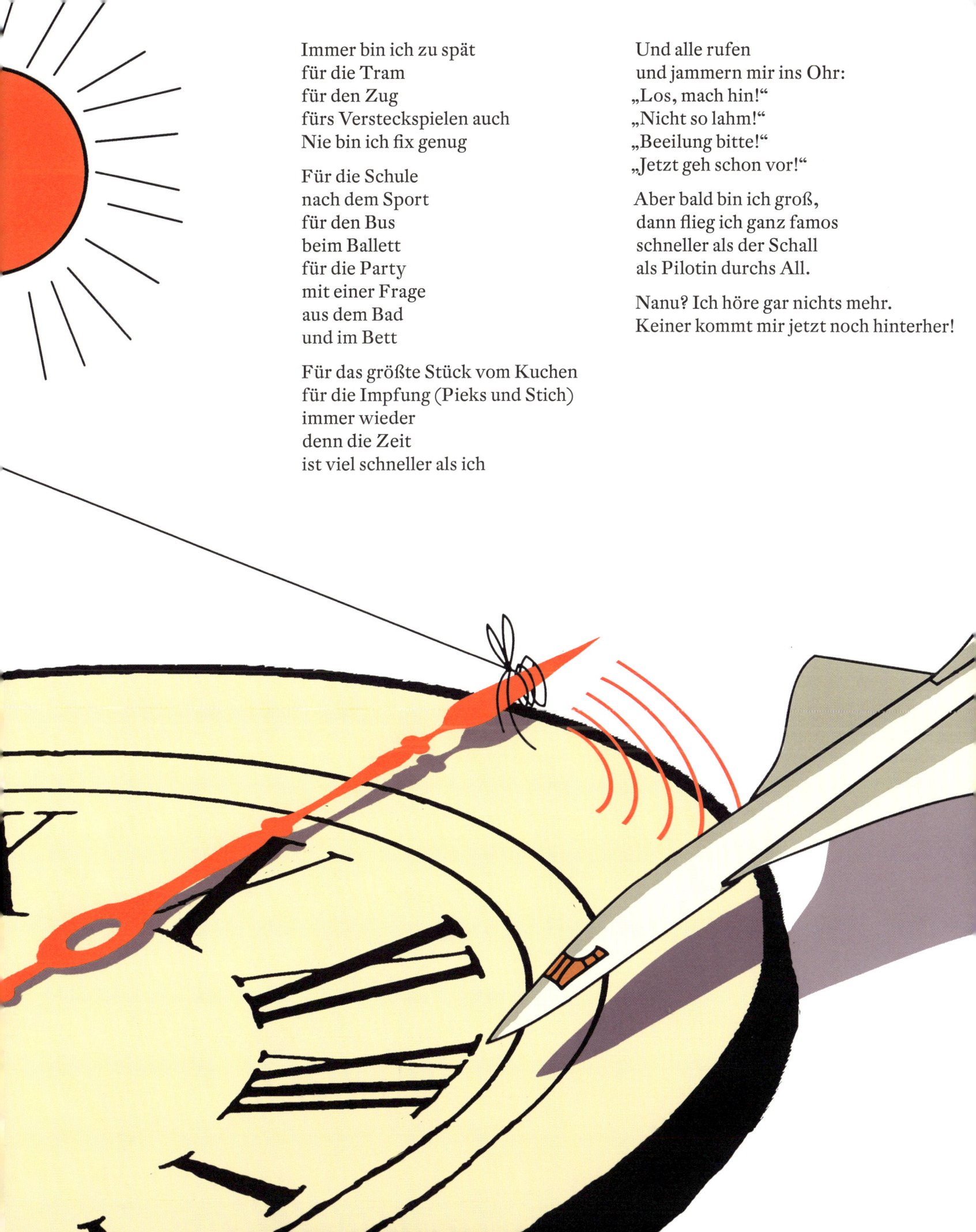

Immer bin ich zu spät
für die Tram
für den Zug
fürs Versteckspielen auch
Nie bin ich fix genug

Für die Schule
nach dem Sport
für den Bus
beim Ballett
für die Party
mit einer Frage
aus dem Bad
und im Bett

Für das größte Stück vom Kuchen
für die Impfung (Pieks und Stich)
immer wieder
denn die Zeit
ist viel schneller als ich

Und alle rufen
und jammern mir ins Ohr:
„Los, mach hin!"
„Nicht so lahm!"
„Beeilung bitte!"
„Jetzt geh schon vor!"

Aber bald bin ich groß,
dann flieg ich ganz famos
schneller als der Schall
als Pilotin durchs All.

Nanu? Ich höre gar nichts mehr.
Keiner kommt mir jetzt noch hinterher!

#12

Warum bin ich nicht

Wäre damals ein anderer Samen
in das Ei hineingekrochen,
dann wäre ich nicht ich,
sondern sonst wer stattdessen.

Oder wäre der Samen
in ein anderes Ei gekrochen,
auch dann würde ich nicht ich sein.
Zu dick, zu dünn, zu groß, zu klein,
passte nicht in meine Haut hinein.

Ich wäre immer noch ein Kind
von Papa und Mama, mag sein.
Elf Jahre alt wie ich,
nur wäre ich nicht ich.

Die ungeborene Schwester vielleicht,
der Bruder, der niemals kam.
Ich wäre dann nicht Lukas,
sondern Rosa, Lou oder Sam.

Ich habe meinem lieben
Mädchen einen Brief geschrieben.
Einen, der erst umgedreht
zeigt, was wirklich in ihm steht.
Wie schön und wie nett und wie lieb sie mir war.
Ihre Augen, die Ohren, die Hände, ihr Haar …
Einen Brief zum Wenden und Von-innen-Lesen.

Das ist ihr wohl nicht klar gewesen.
Sie nahm ihn achtlos, hielt ihn wohl für Spaß,
stopfte ihn weg, worauf sie ihn vergaß.
In ihrer Jacke steckt er, und das schon seit Tagen.
Was sie gedacht hat, kann ich euch wohl sagen:
Bloß ein leeres Blatt.

Dass sie sich so irrt,
dass sie das nicht spürt …
das macht mich platt.

#13

Hat Papier eine *Innenseite*?

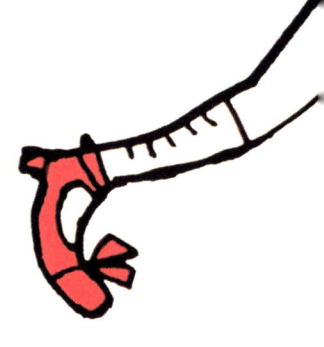

#14

Kann die Zeit

An Sturmtagen
fliegt die Zeit
dir um die Ohren

An Wurmtagen
nagt die Zeit
steht still

Wenn ich sehr viel Zukunft hätt,
würd ich sehr lang erwachsen sein.
Dann würde ich erst Polizist
und Pilot noch hinterdrein.
Dann würde ich zuerst Bassist
und später Tigerbändiger.
Und dann wär ich noch Kapitän
und bei der Feuerwehr.
Und dann Ministerpräsident
von einem großen Land.
Und dann auch gern noch Eisverkäufer
irgendwo am Strand.
Am liebsten wohl in Spanien,
den Tropen oder Übersee.
Und ganz zum Schluss vielleicht auch noch
Trainer beim DFB.

#15

Wie lange dauert die *Zukunft*?

#16

Wie *groß* ist das Weltall?

Wie weit kann man fliegen?
Bis in weiteste Fernen.
Von hier bis zum Mond?
Zu den hintersten Sternen.
Ist das weit von hier fort?
Lichtjahre entfernt
von jedem anderen Ort.
Wie lang unterwegs
war denn das Licht?
So lange, da gab es
uns Menschen noch nicht.

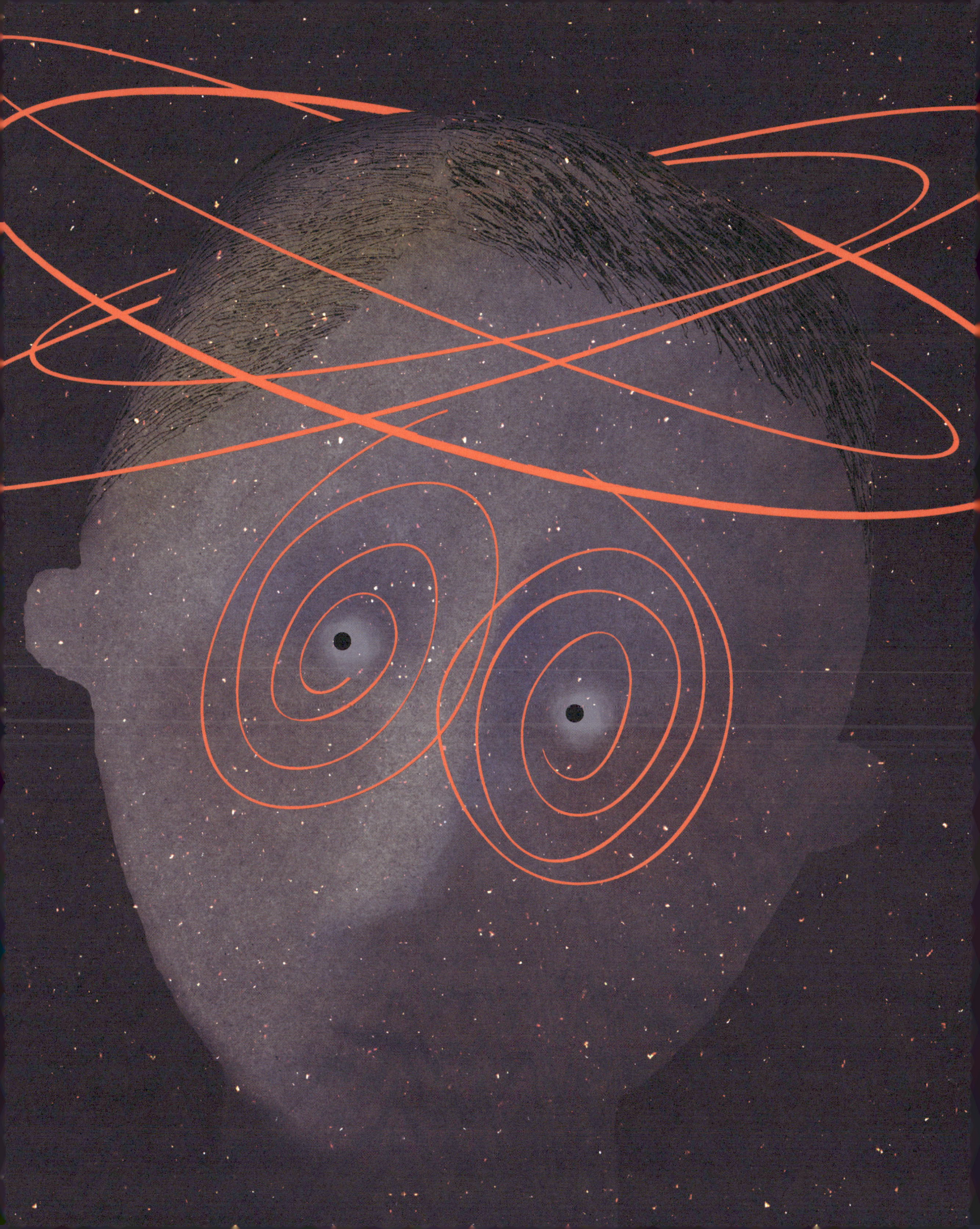

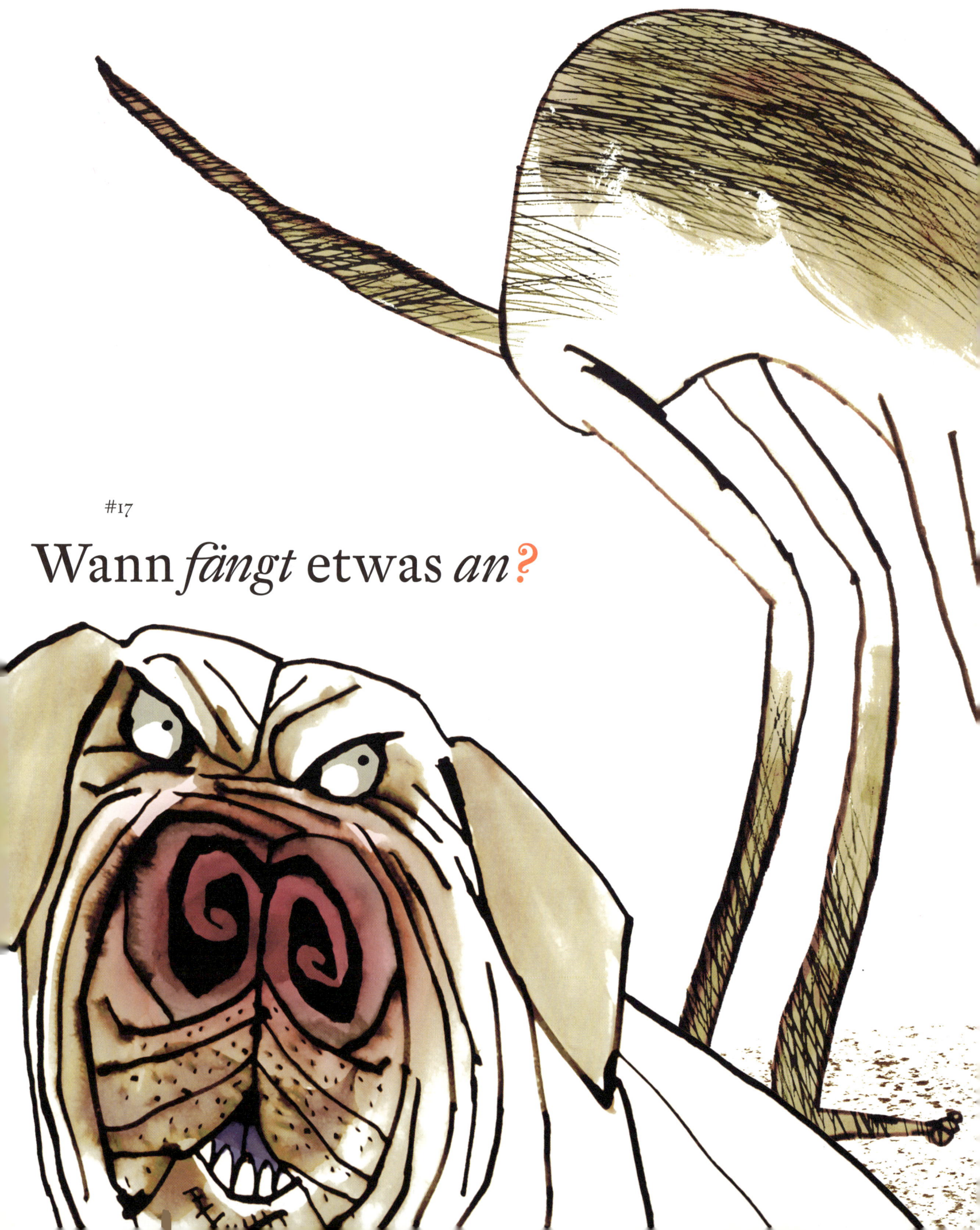

#17

Wann *fängt* etwas *an*?

Das Rütteln eines Bussards,
das Warten auf den Wurm.
Der Hechtsprung nach dem Küken,
die Stille vor dem Sturm.

Die Wochen vor den Wehen,
die Tage vor dem Tod.
Das Zögern vor dem Wagnis,
wenn nackte Wahrheit droht.

Die bange Furcht vor Bomben,
die Stille nach dem Schlag.
Die Hoffnung nach dem bösen Sturz,
dass das Kind gleich weinen mag.

Die Spannung vor dem Strafstoß,
das Starren nach dem Ball.
Das Leuchten eines Blitzes
und das Warten auf den Knall …

#18

Kommt die *Zukunft* auf dich zu?

Paddele ich
hinein in meine Zukunft
Ein Meer aus Zeit
das vor mir liegt
und in dem man womöglich ertrinkt?

Oder rudere ich
mit der Zukunft im Rücken
von meiner Vergangenheit fort
so gut es mir gelingt?

Eine Stunde zählt immer gleich viel Sekunden
und Uhren drehen immergleiche Runden.
Aber dauern Stunden immer gleichermaßen lang?
Ein Weilchen warten draußen auf dem Gang
zieht sich länger hin als eine Stunde Spiel.
Und hab ich eine Stunde Langeweile
dann steht der große Zeiger fast schon still.
Dann kriecht die Zeit vorbei.
Das versteh, wer will!

#19

Dauern *Stunden* immer gleich lang?

#20

Kann man durch

In meiner Super-Zeitmaschine
kann ich selbst die Zeit bedienen.
Darfst gern mal auf das Schaltpult schielen …

Nein, nicht mit dem Hebel spielen,
sonst wirst du auf Ewigkeit
verschwinden in der Römerzeit.

Nein, nicht auf die Tasten drücken!
Es würde dich sofort entrücken
zu Sauriern und Riesenspinnen,
und da gibt es dann kein Entrinnen.

Nein, bleib weg von den Pedalen,
sonst saugt es dich durch Zeitspiralen
in die Straßen von Pompeji.

die Zeit *reisen*?

Galileo Galilei
hat es auch einmal probiert.
Hat sich nicht für ihn rentiert.
Aufgetaucht ist er nie mehr.
Hat – Rom ärgerte das sehr –
noch ein Teleskop erdacht,
wie wir sie schon längst gemacht.
Galileo, unser Klassenkamerad,
war ratzfatz verschwunden, grad
als er sich an diesem Schieber …

Finger weg da, lass das lieber!
Auch nicht an dem Knopf dort drehen.
Auch nicht … auf Nimmerwiedersehen!

#21

Gibt es noch

Wenn keiner sie sieht,
gibt es dann Farben?
Wenn keiner es sieht,
gibt es dann Licht?
Viele Dinge im Dunkeln
schon entstanden, verdarben,
doch sah man es nicht.
Schließ die Augen ganz dicht:
Wo ist jetzt das Licht?
Ist es aus? Ist es an?
Schlicht nicht mehr da sein:
Ob das Licht das wohl kann?

Licht, wenn keiner es *sehen* kann?

Kann die Zeit

#22

verschwinden?

Heute verschwand
zur Schlafenszeit nach unbekannt
die Stunde zwischen ein und zwei Uhr in der Nacht.

Sie ward seitdem
nicht mehr gesehn.
Wer sah etwas zur Tatzeit, hegt einen Verdacht?

Personenbeschreibung:
recht dunkel und recht klein.

Wer hat einen Tipp?
Wer weiß etwas, wo kann sie sein,
die wir seither vermissen?

Gebt uns Bescheid, wählt 112.
Ein Verbrechen ist nicht auszuschließen.

Wie klein kann etwas sein?
Was heißt groß, was heißt klein.
Ein Berg in der Ferne ist kleiner als du;
von Nahem groß wirkt im Stall die Kuh
und klein auf der Wiese.

Durch Lupen besehen
sind Kopfläuse, Mücken und Skarabäen
gigantische Monster und wahrlich zum Grauen
mit Straußvogelbeinen und Adlerklauen.
Und durch Mikroskope?
Da sind sie – noch schauriger –
fast so groß wie Dinosaurier.

Wie groß kann etwas sein?
Was heißt groß, was heißt klein.
Eine kräftige Seekuh, auch ein Kalb, klarer Fall,
ist groß für ein Zebra
und klein für den Wal.

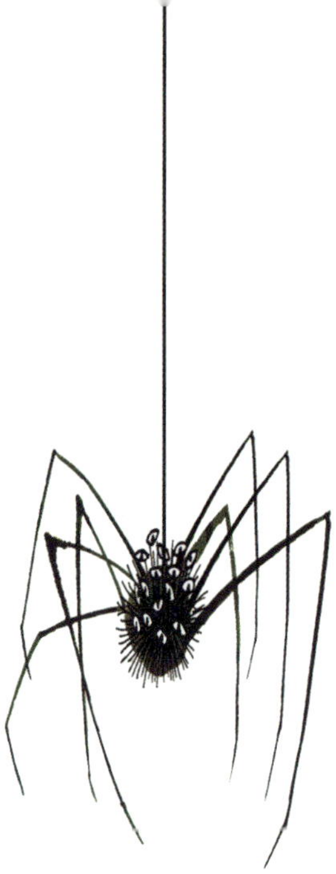

#23

Wie klein ist ein Berg

in der *Ferne*?

Die Zeit schlägt man tot
mit Schießgewehren,
mit sich kreuzenden Degen,
mit Spießen und Speeren.

Mit Fäusten, die drohen
mit Knüppeln, den rohen,
zu Fuß oder Pferd,
mit Feuer und Schwert.

Mit Kanonen aus Stahl,
mit Keulengewalt
und kochendem Öl.
So macht man sie kalt.

#24

Wie *schlägt* man die Zeit *tot*?

Einen recht guten Tag, schönes Wetter, nicht wahr?

Doch, doch, sehr schön für die Zeit im Jahr.
Woher kommen Sie?

Ich? Stamme ab von den Affen.
Und Sie, wenn ich fragen darf?

Ich wurde geschaffen.

Geschaffen? Wie das denn?
Von wem wohl und wann?

Ich weiß nicht genau,
wann die Schöpfung begann,
aber Gott schöpfte Wasser
und Erde und Sand.
Das Wasser ward Meer
und die Erde ward Land.

Er schöpfte aus Erde
und Wasser für sich
etwas Lehm zum Kneten
und knetete mich.

#25

Woher kommen die

Wie witzig. Also sind Sie
geschöpft, nicht geschaffen.
Vielleicht schöpfte Gott
aus dem Lehm auch die Affen?

Wer weiß. Elefanten,
Giraffen und papperlapapp.

Kann sein. Und Sie stammen
von niemandem ab?

Nein, von niemand und nichts.
Doch jetzt muss ich gehen.
Vielen Dank für das Gespräch.

Gern geschehen!

Menschen?

#26

Wo bleibt die Zeit?

Vorbeie Zeit verschwindet, wird Vergangenheit.
So geht es und so wird es immer gehn.
Das Heute verweht, ist nicht umzudrehn.
Vergangenheit, unendlich hohl,
ein schwarzes Loch, noch längst nicht voll.
Wo sonst soll man sie lassen, die vorbeie Zeit?

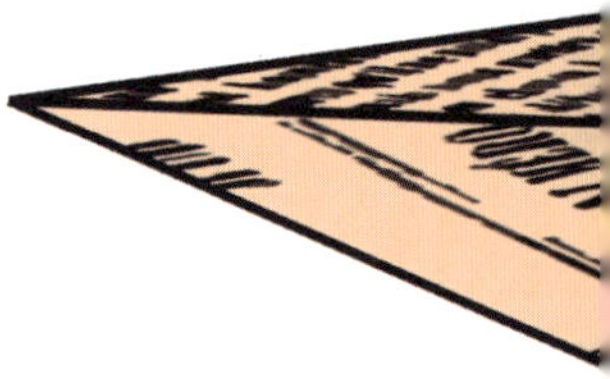

#27
Wie viel wiegt

man auf dem *Mond*?

Ich würde gern weniger wiegen,
doch ständig nehme ich zu.
Könnt jedes Mal die Krise kriegen,
die Waage raubt mir meine Ruh.
Wieder ein Kilo, hat man Worte,
wieder ein Kilo Ich dazu.
Wohl wieder zu viel Sahnetorte.
Hundert wieg ich jetzt. Und du?

Hundertzwanzig Komma sieben.
Und ständig nehme ich zu.
Welch ein Leben, meine Lieben.
Doch ich weiß was, das sich lohnt:
Los, wir ziehen auf den Mond!

Da merkt man nichts von Schwerkraft, sondern lebt
übergewichtslos. Wunderbar! Man schwebt.
Man fühlt keine Schwere, man hat keine Sorgen.

Perfekt. Wann geht's los?

Noch heute. Oder morgen.

Das Tiefe ist tief,
doch das Meer ist noch tiefer.
Wie tief kann man schlafen?
So tief wie das Meer?

Mein Bruder schlief tief,
meine Schwester noch tiefer.
Mein Bruder schlief super,
mein Schwesterchen hyper.
So tief wie das Tiefste im Meer
und noch tiefer.

Nur ich schlief noch tiefer als beide
zusammen.
Mindestens zweimal am tiefsten
vom Tiefsten
vom Tiefen
plus dreimal am tiefsten
vom Tiefsten
im Meer.

#28

Kann man *tiefer schlafen* als das Meer?

#29

Wie groß ist ein *Schwarm* Fische?

Wie viele Fische passen in einen Schwarm?
Wie viel Blumen passen in einen Kohl?
Wie viele Rosen passen auf einen Arm?
Wie viele Trauben in eine Traube wohl?
Wie viel Erde mag in einem Klumpen sein?
Wie viele Menschen kann ein Volk umfassen?
Wie viele Tropfen gehn in einen Schauer rein?
Wie viele Mücken in so eine Wolke passen?

Wie viele Fische? Warte mal …
Sam meint, sieben ist die Zahl.
Tim sagt zehn.
Lutz will wissen, was für Fische.
Ich will erst den Fischschwarm sehn.

Ich seh etwas als Fantasie:
im Mond, da sitzt ein Mann
Ich seh, ich seh, ich weiß nicht wie …
Er zündet die Sterne an.

Ich seh etwas als Fantasie:
Mann und Frau, so seht doch nur
Ich seh, ich seh, ich weiß nicht wie …
Sie halten beide eine Schnur

Ich seh etwas als Fantasie:
An jeder Schnur hängt ein Ballon
Ich seh, ich seh, ich weiß nicht wie …
Der blaue schwebt als Erde
der gelbe als Sonne davon

#30

Wo sind die Sterne wohl *am Tag*?

#31

War schon *etwas*, bevor es die Erde gab?

Erst war alles finster
Erst war alles still
Alle Tage waren Nacht
Kein Laut, kein Leis' sich regen will
Der Unterschied noch nicht gemacht

Es gab noch nichts zu hören
Nicht mal das kleinste Rauschen
Und falls doch, dann fehlten noch
die Ohren, ihm zu lauschen

Stille Nacht
kein Hauch von Licht
Vielleicht ein fernes Gefunkel
Doch nirgends waren Augen
zu schauen durch das Dunkel

Alles war noch finster
Nichts als schwarzes All
Und dann kam
Gott weiß woher
der allererste Knall …

„Verkäufer, hätten Sie Zeit für mich?"

„Wir haben alle Zeit der Welt.
Zeit von jetzt und seinerzeit,
Perfekt und Vorvergangenheit,
gerade, ungerade Zeit,
meterweise Ewigkeit
sowie Futur, noch gut verwahrt,
und kleine Stückchen Gegenwart.
Alle Zeit bis nächstes Jahr
und Zeit – wie soll ich sagen:
Zeit für dich, für zwei sogar,
für Tee und auch für Fragen.
Gute Zeit und schlechte Zeit
(gibt's ab drei Urlaubsstunden gratis
dazu, jedoch im Sommer nur).
Doch es wird spät, sagt mir die Uhr.
Wir schließen heute zeitig,
Sie müssen sich entscheiden:
verlorene Zeit, vergessene Zeit,
und Zeit für Kleinigkeiten.

#32

Kann man *alle Zeit der Welt*

Zeit fürs Zelten, irgendwo
am Wasser oder Lagerfeuer ..."

„Die Qual der Wahl! Geben Sie mir
ein Stündchen Muße, nicht zu teuer."

haben?

#33

Ist der Raum

Heinrich Hans von Buntekuh
füllt den ganzen Raum im Nu,
alle anderen schauen zu.

Heinrich Hans wog hundert Kilo
und hat noch fünfzig zugelegt.
Bis heute isst er jeden Morgen
zum Frühstück zwei Schachteln Konfekt
und sieben süße Schokoriegel.

Heinrichs Kinder sind wie Spriegel,
auch Heinrichs Frau ist spindeldürr.
Kann ihr Frühstück was dafür?
Nicht doch: Schoko und Konfekt
werden eifrigst weggeschleckt.
Ob groß, ob klein, ob dick, ob dünn,
ob dunkel, hell, mit Nüssen drin,
ob Karamell, ob Praliné.

Dazu ein Tässchen Süßholztee
und ein Stückchen, cremig-zart,
Sahne-Kirsch nach Schlemmerart.
Doch alle halten ihr Fliegengewicht.

irgendwann *voll*?

Heinrich sagt: „Versteh ich nicht.
Frau, Kinder dürr, kein Ebenbild.
Merkwürdig. Ach, halb so wild,
im Gegenteil: So ist es fein,
sonst wäre ja das Haus zu klein."

Kann man immer besser werden?
Noch mehr bringen als vorher?
Bei jedem Wettlauf schneller werden?
Bis ans Ende und noch mehr?
Oder ruft, anstatt zu zetern,
 der Trainer mal nach hundert Metern:
„Super Zeit! Ja! Ganz entschieden!
 Silber, bin total zufrieden!"

#34

Kann man immer noch

schneller werden?

#35

Wie fühlt es sich an, wenn die Zeit

Manchmal stelle ich mir vor,
ich sterbe
und wie das dann ist:
Ganz anders?
Doch herbe?
Auch spannend?
Vielleicht sogar schön,
eine Art Achterbahn?

Los geht's.
Ich fühle meinen Fall.
Ich falle ins Nichts,
in die Dunkelheit im All.

Ich falle aus der Zeit
in das Nirgends
von einst,
vor dem Knall.

Früher war die Erde flach,
doch dann kam quasi aus dem Nix
ein gewisser Galileo Galilei.

Wer war das? Wo liegt hier der Witz?

Er war ein Neuerer und bald in aller Munde,
und in Mathe ein Genie.
Er hat einen Rechenzirkel erfunden,
sowas gab es vorher noch nie.

Einen Zirkel zum Rechnen? Versteh ich nicht.

Das kann man auch nicht verstehen.
Dazu muss man es sehen.
Außer, man ist ein Gelehrter von Gewicht.

Und was rechnete er damit aus?

#36

Früher war die Erde flach!

Dass die Erde nicht flach ist, sondern rund.
Dem Papst war dieser Gedanke ein Graus.
Er sagte: „Du hältst sofort den Mund!
Die Erde ist pfannkuchenplatt und Schluss.
Das ist schon immer so gewesen!"
Doch Galilei schrieb ein Buch
und darin kann man lesen:
*Fürwahr, die Erde ist eine Kugel,
ich habe es selbst gemessen.*
Trotz Papst ist er standhaft geblieben.

Ist ja stark. Der Mann hat Mut besessen.

Ja, das hat er, in der Tat. Er war
seiner Zeit wirklich sehr weit voraus.
Hat sogar noch in meiner Klasse gesessen.

Ach ja? Wann denn das?

Tja, rechne mal aus …

Was macht das Licht, wenn es dunkel wird?
Deutsche Erstausgabe
© Susanna Rieder Verlag, München 2019

Alle Rechte vorbehalten

Die Originalausgabe erscheint unter dem Titel
Was de aarde vroeger plat?
bei Uitgeverij J.H. Gottmer / H.J.W. Becht BV,
Haarlem, Niederlande (a division of Gottmer
Uitgeversgroup BV).
© Bette Westera 2017 (Text)
© Sylvia Weve 2017 (Illustration)

Aus dem Niederländischen von Rolf Erdorf

Die Übersetzung dieses Buches wurde von der
niederländischen Stiftung für Literatur gefördert.
Der Verlag bedankt sich für die freundliche
Unterstützung.

Umschlag und Buchgestaltung
bockting design, Amerang
Schrift: DTL Fleischmann

Druck und Bindung
UAB BALTO print, Vilnius
Printed in Lithuania

2. Auflage 2020
ISBN 978-3-946100-84-3
www.riederbuch.de

Nederlands letterenfonds
dutch foundation
for literature